広告の新たな外部性

ーネットワーク効果の下での広告効果の波及ー

坂口 洋英

三菱経済研究所

本書の目的と構成

　我々消費者は，日常生活の様々な場面で常に広告を目にするといってよい．テレビの電源をつければ15分ごとにコマーシャルが放送される．電車に乗れば，車内にも駅の壁にも広告ポスターが貼られているだろう．インターネットブラウザを起動すれば，無数のウェブサイトにアフィリエイト広告が設置されている．実際に，広告産業は国内では2018年時点で約6兆5000億円の市場規模を誇る巨大産業であり，企業と消費者に不可欠な存在であることが伺える．

　こうした広告は，対象とする財の効用や認知を高めることを通じ，その財の需要を増加させる．しかしながら，特定のケースにおいて，広告は，**外部性**と呼ばれる，その財以外に影響をもたらす性質をもつことがある．この広告の外部性は，特に，小売と製造や，卸売と小売のような，上流企業と下流企業に分かれる垂直的な産業構造において，**垂直外部性**として広く知られている．

　近年GAFAの台頭により注目を集めるプラットフォーム産業は，垂直的な産業構造をもち，垂直的外部性を形成していることが多い．具体的には，プラットフォーマーは，そのプラットフォーム上で，様々な企業にサービスを展開させ，企業に利用料金やライセンス料を課すことで収益を得ている．

　こうしたプラットフォーム産業の大きな特徴の一つに，(間接的)**ネットワーク効果**をもつ点が言える．ネットワーク効果とは，ある財の効用が，その財の補完財の質や種類の増加により向上するという性質である．具体例としては，Amazon.com がその取り扱う商品の充実に従っ

て利便性を増していったことは記憶に新しいだろう.

このプラットフォーム産業のような, 垂直的な産業構造をもつと同時に, ネットワーク効果が働くような産業においては, 広告はどのようなあり方を見せるだろうか.

まず, プラットフォーム上のサービスへの広告は, それらの財やサービスの効用や認知を増加させ, 需要を高める. こうしたプラットフォーム上の財やサービスの需要の増加は, プラットフォーマーのロイヤリティ収入や手数料収入を増大させる. こうした形で垂直外部性が発揮されることは容易に想像できる.

しかしながら, 広告が発揮する外部性はこうした垂直外部性に留まらない可能性がある. なぜならば, ネットワーク効果の下では, プラットフォームの需要は, プラットフォーム上の財やサービスに依存するが, 広告はこうしたプラットフォーム上の財やサービスの効用や認知を増大させる. そのため, 広告がプラットフォーム自体の需要に正の影響をもたらすだろう. よって, 垂直外部性とは別に新たな外部性を発揮している可能性が言える.

こうした広告がネットワーク効果を通じて新たに発揮する外部性が存在する場合, 既存の垂直的制限では, 広告を適切な水準に保つことができない恐れがある.

そこで本書では, このような外部性が存在するか否かを検証し, その大きさを調査する. 分析にあたっては, ネットワーク効果が働くプラットフォーム産業の代表例であるビデオゲーム産業と, ビデオゲームソフトに関するテレビコマーシャルを対象とする.

本書の構成は以下の通りである. 第一章では, 本研究の背景について説明する. まず, 広告の経済学での捉え方を先行研究を紹介しつつ説明した上で, 本書で扱う外部性について, 簡易な理論モデルを用い説明する. また, 過去の関連する先行研究について説明し, 本書がどのような文脈で, どのような位置に置かれるのかを説明する. 第二章

では，実証分析を行う．使用するデータと産業の概要について説明し，使用するモデルと推定方法を解説した上で，分析結果を報告し，考察を行う．

謝辞

　本書は，筆者が公益財団法人三菱経済研究所の専任研究員として行った研究成果をまとめたものである．本書の執筆にあたり，本書を書く機会を与えてくださった坂井豊貴先生（慶應義塾大学）と三菱経済研究所の吉峯寛副理事長，滝村竜介常務理事，杉浦純一研究部長にまず，この場をもって深謝の意を表する．また，研究生活に多大なサポートをいただいた三菱経済研究所のスタッフの方々にも深謝申し上げる．加えて，指導教官である田中辰雄先生，研究に対するコメントを頂いた中嶋亮先生，石橋孝次先生，河井啓希先生（いずれも慶應義塾大学）にも心から感謝の意を表する．

　2019 年 7 月　　　　　　　　　　　　　　　　　　坂口　洋英

目　　次

第1章　はじめに

1.1　広告に対する観点

　経済学において広告は，19世紀には注目されなかったものの，20世紀に入ると，大きな研究対象の一つとなり，理論と実証の両面で数多くの研究がなされ，知見が蓄積されてきた．これらの先行研究において，広告が消費者に何故影響を与えるかについては，主に以下の3つの観点から捉えられた (Bagwell, 2007).

　第一の観点は説得的な観点 (Persuasive View) である．広告は消費者の選好を変化させ，製品差別化を強化したり，ブランドイメージを確立させる．このように，Persuasive View は広告を，消費者の選好を変化させることで，財の需要を増大させるものとして捉えるものだ.

　第二の観点は情報的な観点 (Informative View) である．消費者が全ての財の存在を把握することは難しい．また，財の効用について事前に完全に把握することが困難な場合もある．Informative View は広告を，こうした情報の非対称性を解消することで，財の需要を増加させるものとして捉えるものだ.

　第三の観点は補完的な観点 (Complementary View) である．これは，広告量が増大するほど広告が対象とした財の消費からえる効用が増加

するように，広告を財の補完財として捉えるものだ[1].

　これらの観点を元に，広告が財にもたらす影響は，財の認知に対する影響と財の効用に対する影響のどちらかで定式化されることが多い．例えば，Grossman and Shapiro (1984) は，広告を財の認知のみに係るものとして定式化し，理論モデルを構築している．一方で，Becker and Murphy (1993) は，広告は効用関数のみに影響を与える定式化を行っている．

　実証分析については，Goeree (2008) は，広告を財の認知に対して影響をもたらすものとして定式化し，効用関数からは排除しており，Murry (2017) は効用関数のみに影響を与える形で分析を行っている．

　ただし実際の広告は，これら 3 つの観点の要素のいずれかを有するというより，複数を持ち合わせる可能性が高い．例えば，Kawaguchi et al. (2018) は，広告が効用関数と財の認知の両方に与えるように，より現実的な形で定式化し，これらの識別を行っている．しかしながら，広告が効用関数と財の認知の両方に影響を与えるような定式化を行う場合，識別に厳しい条件が存在する (Kawaguchi et al., 2018).

1.2　広告の垂直外部性

　広告は時に外部性を発揮する．特に，上流企業と下流企業が存在する垂直的な産業構造においては，垂直外部性として広く知られており，産業組織論が伝統的に対象としてきたトピックである．これは，広告が対象とした財の需要に影響を与えると同時に，財の卸売市場や，中

---

[1]直観的に，広告が一般的な商品の補完財として働くのは想像しがたいが，消費が社会的名声を生むような財の場合，適切に行われる広告は，財の補完財として働くだろう．例えば，特定のブランドバッグが，売上の大部分を寄付に回しているとしよう．このバッグを使用することは社会的名声を高めるだろうし，このバッグが正しく広告されれば，広告が増えるほどにバッグの使用による社会的名声は高まるだろう．

間財市場における市場にも影響を与えるためである.

　例えば,カーディーラーによる自店舗の広告は,そのディーラーに車を卸す自動車メーカーの収益に正の影響をもたらす.また,家電メーカーが行う自社製品への広告は,家電の中間財となる電子部品の需要にも正の影響をもたらすだろう.まず,こうした垂直外部性について,簡易な理論モデルにより確認してみよう.

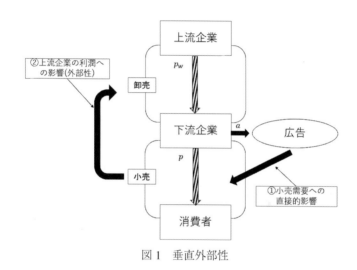

図 1　垂直外部性

　ある産業において,財を生産する独占的な上流企業と,上流企業から卸された財の小売を行う独占的な下流企業が存在するとしよう.上流企業は 1 単位あたり c の費用で生産した財を 卸売価格 $p_w(p_w > c)$ で卸し,下流企業はこれを小売価格 p で販売する.

　ここで,下流企業は,財の販売にあたり,a だけの広告を行う.先述したように,効用は財の効用や認知に正の影響を与える.ここで,s を財の効用や認知として,$\frac{\partial s(a)}{\partial a} > 0$ とする.また,需要関数を $D(p, s(a))$ と置き,$\frac{\partial D(p, s(a))}{\partial p} < 0, \frac{\partial D(p, s(a))}{\partial s} > 0$ とする.

広告にかかる費用を $\Phi(a)$ として，下流企業の利潤 Π^d は，

$$\Pi^d = (p - p_w)D(p, s(a)) - \Phi(a)$$

であり，このとき，利潤最大化する小売価格 p^* は，

$$p^* = \arg\max_p [(p - p_w)D(p, s(a)) - \Phi(a)]$$

$$\text{As FOC w. r. t. } p, \frac{\partial \Pi^d}{\partial p}|_{p=p^*} = 0$$

$$\to D(p^*, s(a)) + (p^* - p_w)D_p(p^*, s(a)) = 0$$

$$\to p^* = p_w - \frac{D(p^*, s(a))}{D_p(p^*, s(a))}$$

となり，p^* は $p^*(p_w)$ と，p_w の関数となる．また，上流企業の利潤 Π^u は，

$$\Pi^u = (p_w - c)D(p^*(p_w), s(a))$$

となる．このとき，上流企業の需要関数は，下流企業の需要関数と一致し，$p = p^*$ の下での需要となる．下流企業が行う広告が上流企業の利潤に与える影響は，任意の p_w に対し，

$$\frac{\partial \Pi^u}{\partial a} = (p_w - c)\frac{\partial D(p^*(p_2), s(a))}{\partial a}$$

$$= (p_w - c)\frac{\partial D(p^*(p_w), s(a))}{\partial s}\frac{\partial s(a)}{\partial a} > 0$$

となり，下流企業の広告は，上流企業の利潤に正の外部性をもつ．こうした垂直外部性の下では，下流企業の行う広告は，上流企業の観点からは過小になる．しかしながら，上流企業は，卸売価格を限界費用と等しくした上でフランチャイズ料を課すような二部料金を設定するなど，適切な垂直的制限を行うことで，最適な水準の広告を行わせる

ことができる (Tirole, 1988)[2].

1.3　ネットワーク効果と新たな広告の外部性

　ネットワーク効果[3] は，財の効用が，その財の補完財の数や質に依存するという性質である．ネットワーク効果が働く財としては，ブルーレイディスク (BD) プレイヤーといった特定の規格に係る財やプラットフォーム全般が挙げられる．具体的には，多くの映像作品が BD で販売されるほど，BD プレイヤーはより魅力的になっていく．つまり，BD プレイヤーの効用は，BD ソフトのラインナップに依存する．

　こうしたネットワーク効果が働く産業の中でも，GAFA の台頭により，プラットフォーム産業が近年注目を集めている．こうしたプラットフォーム産業は，プラットフォーマーが上流企業にあたり，プラットフォーム上のコンテンツの供給者が下流企業にあたるという形で，垂直的な構造をもつ．

　下流企業が自社のコンテンツに広告を行った場合，対象となったコンテンツの需要が増加する．同時に，そのコンテンツについて下流企業が上流企業に支払うライセンス料や，利用料金も増加することになり，上流企業の利潤に正の影響をもたらす．プラットフォーム産業では，このような形で垂直外部性が発揮される．

　すなわち，プラットフォーム産業では，垂直外部性とネットワーク効果が同時に働いていると言える．しかしながら，広告がもたらす影響は，ネットワーク効果が存在するために，このようなライセンス料

---

　[2]ここで，上流企業の観点とは，上流企業が下流企業を垂直統合していた場合に行う広告の水準を指す．
　[3]ネットワーク効果には，財の効用が財の普及数に依存する直接的ネットワーク効果も存在する．本書においては表記上の煩雑さを避けるため，間接的ネットワーク効果を指して，単に"ネットワーク効果"と表記する．

等に影響する垂直外部性に留まらない可能性がある.

　具体例として，代表的なプラットフォームであるビデオゲームを考えよう. ビデオゲーム産業では，プラットフォーマーはゲームハードを販売する. 加えて，補完財であるゲームソフトの供給者[4]に，ソフトのロイヤリティ[5]を課す. ソフト供給者は，ロイヤリティを支払った上で，ソフトを開発・販売する.

　こうしたゲーム産業において，ソフトへの広告は，ソフトの認知や効用を高め，ソフトの需要を高める. この際，ゲームハードの需要も同時に上昇する可能性が高い. なぜなら，ソフトとハードはそれぞれ単体では用を為さない[6]ため，ネットワーク効果が強く働き，ハードの効用はソフトラインナップの評価に依存する. よって，広告によるソフトの効用や認知の上昇は，ソフトへの評価を高める形で，ハードの需要に対し外部性を発揮する可能性が高いと言える.

　更に，ハードの需要の増加は，他のソフトの需要を増加させる形で，ソフト広告がスピルオーバーする可能性もある. これは，ソフト市場のマーケットサイズが，ハードの普及台数に依存するためである.

　つまり，プラットフォーム産業においては，広告は，以下の二つの外部性を発揮している可能性がある. 第一に，ライセンス料等によるプラットフォームの収益に影響を与える，垂直外部性. 第二に，プラットフォーム上の財やサービスの効用や認知に影響を与えた結果，その効用や認知がプラットフォーム自体の需要に影響を与えるという形で発揮される，ネットワーク効果を通じた別の外部性.

　この第二の外部性にあたる，広告がネットワーク効果の下での垂直外部性とは異なる外部性について，本書では，**波及的外部性**と呼称する. 本書の目的は，波及的外部性が存在するか否か，存在した場合ど

---

[4]ここでは開発と販売を区別せず，供給者として扱う
[5]実際にはライセンス料とソフトの製造委託費を合計したものである
[6]厳密にはメディア再生機能をもつハードも存在する

れほどの大きさかを，実証分析により検証するものである．実証にあ
たって，まず，こうした広告の外部性について，簡易な理論モデルに
より整理する．

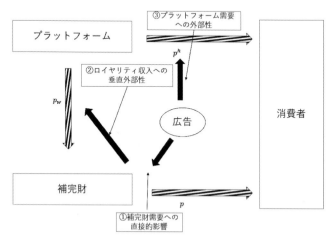

図 2 ネットワーク効果の下での外部性

上流企業であるプラットフォーマーと，下流企業である補完財供給
者が存在する垂直的な産業を考えよう．プラットフォーマーは，プラッ
トフォームを価格 p^h で供給[7]し，このプラットフォーム 1 単位の生産
には $c^h(p^h > c^h)$ の費用がかかる．

また，プラットフォーマーは補完財供給者にライセンスを独占的に
供給する．補完財 1 単位あたりのライセンスは価格 p_w で提供される．
補完財供給者は，十分に差別化された補完財を価格 p で供給する．

この際，ライセンス料とは別に，1 単位あたり c の費用が生じる．加
えて，補完財供給者は，$\phi(a)$ の費用をかけて a の広告を行う．補完財
の効用や認知 s は広告量の増加関数であり，$\frac{\partial s(a)}{\partial a} > 0$ とする．

---

[7]ゲーム作業やスマートデバイス産業の場合はハード価格，会員制のウェブサービス
の場合は有料会費となる

補完財の需要関数 $D(p,s)$ は s についての増加関数であり，$\frac{\partial D(p,s)}{\partial s}$ となる．補完財供給者の利潤関数 Π^r は，独占企業のように書けて，

$$\Pi^r = (p - p_w - c)D(p, s(a)) - \Phi(a)$$

となる．このとき，利潤最大化する価格 p^* は一階条件より，

$$p^* = \arg\max_p [(p - p_w - c)D(p, s(a)) - \Phi(a)]$$

$$\text{As FOC w. r. t. } p, \frac{\partial \Pi^r}{\partial p}|_{p=p^*} = 0$$

$$\rightarrow D(p^*, s(a)) + (p^* - p_w - c)D_p(p^*, s(a)) = 0$$

$$\rightarrow p^* = p_w + c - \frac{D(p^*, s(a))}{D_p(p^*, s(a))}$$

となり，$p^*(p_w)$ と，p_w の関数として書ける．ここで，プラットフォームの需要関数を $D^h(p^h, s(a))$ とする．これはネットワーク効果の下で s の増加関数となっており，$\frac{\partial D^h(p^h,s(a))}{\partial s} > 0$ とする．プラットフォーマーの利潤関数 Π^h は，

$$\Pi^h = p_w D(p^*(p_w), s(a)) + (p^h - c^h)D^h(p^h, s(a))$$

となる．第一項が，ライセンス収入による利潤で，第二項がプラットフォームの売上による利潤となっている．このとき，補完財供給者による広告の影響は，任意の p_w，p^h に対し，

$$\frac{\partial \Pi^h}{\partial a} = \frac{\partial [p_w D(p^*(p_w), s(a))]}{\partial a} + \frac{\partial [(p^h - c^h)D^h(p^h, s(a))]}{\partial a}$$

$$= p_w \frac{\partial D(p^*(p_w), s(a))}{\partial s}\frac{\partial s(a)}{\partial a} + (p^h - c^h)\frac{\partial D^h(p^h, s(a))}{\partial s}\frac{\partial s(a)}{\partial a} > 0$$

となる．この一階微分について，垂直外部性にあたる第一項に加え，プラットフォームからの利潤に対する影響となる第二項が正になってお

り，これがネットワーク効果の下での広告の外部性に該当する．

これらの正の外部性が確立される上で重要となるのは，ネットワーク効果を示す $\frac{\partial D^h(p^h,s(a))}{\partial s}$ と，広告効果にあたる $\frac{\partial s(a)}{\partial a}$ となる．本書ではこの二点について明らかにすべくモデルを構築する．

こうした新たな外部性が存在する状況で，広告が行われる水準は，垂直外部性のみが存在したケースと同様に，上流企業の観点からは過小になる．まず，上流企業と下流企業が垂直統合されている状況を考える．この時の利潤を Π^m として，これは，

$$\Pi^m = (p-c)D(p,s(a)) + (p^h-c^h)D(p^h,s(a)) - \Phi(a)$$

となる．ここで，Π^m は凹関数だと仮定する．この Π^m を用いて，Π^r は

$$\Pi^r = (p-p_w-c)D(p,s(a)) - \Phi(a)$$

$$= \Pi^m - p_w D(p,s(a)) - (p^h-c^h)D(p^h,s(a))$$

となる．補完財供給者が行う広告の水準 a^* は，一階条件より，

$$a^* = \arg\max_a \Pi^r$$

As FOC w. r. t. a, $\frac{\partial \Pi^r}{\partial a}|_{a=a^*} = 0$

$$\rightarrow \frac{\partial \Pi^m}{\partial a}|_{a=a^*} - \underbrace{p_w \frac{\partial D(p,s(a))}{\partial a}|_{a=a^*}}_{>0} - \underbrace{(p^h-c^h)\frac{\partial D(p^h,s(a))}{\partial a}|_{a=a^*}}_{>0}$$

$$= 0$$

となるため，$\frac{\partial \Pi^m}{\partial a}|_{a=a^*} > 0$ となる．仮定より，Π^m は凹関数のため，a^* は，Π^m を最大化せず，上流企業の観点からは過小となる．この点では，垂直外部性のケースと共通するが，垂直外部性において有効だっ

た二部料金では，広告量の水準を最適な水準まで押し上げることができない．限界費用と等しいようなライセンス料 $p_w = 0$ を設定すると，

$$\Pi^r = (p-c)D(p,s(a)) - \Phi(a)$$

$$\Pi^m = (p-c)D(p,s(a)) + (p^h - c^h)D(p^h, s(a)) - \Phi(a)$$

となり，

$$\Pi^r = \Pi^m - (p^h - c^h)D(p^h, s(a))$$

となる．この場合，同様に一階条件をとって，

$$\frac{\partial \Pi^r}{\partial a} = 0|_{a=a^*}$$

$$\rightarrow \frac{\partial \Pi^m}{\partial a}|_{a=a^*} - (p^h - c^h)\frac{\partial D(p^h, s(a))}{\partial a}|_{a=a^*} = 0$$

より，同様に $\frac{\partial \Pi^m}{\partial a}|_{a=a^*} > 0$ となる．よって，同様の二部料金を設定しても，最適な広告量を実現することはできない．こうした結果から，垂直外部性に加えてネットワーク効果の下での外部性が，一定の大きさで存在する場合，垂直外部性のみが存在する状況においては十分だった垂直的制限が，有効でなくなる可能性がある．

1.4　関連研究

本書はまず，広告効果の推定に係る，構造推定を用いた実証研究の文脈に置かれる．こうした研究に関しては，1節で先述したように，Goeree (2008) や Murry (2017) のほか，Ackerberg (2003) や Shum (2004) が挙げられる．

本書は，この文脈においては，広告効果は効用に影響を与える形で定式化しており，Murry (2017) と近い．ゲーム産業の性質からは，Goeree

(2008) のような認知に影響を与える形での定式化が好ましい可能性が高いが，計算負荷の増大を回避するため，採用しなかった．

　第二に，本書はネットワーク効果の実証の文脈に置かれる．ネットワーク化したプラットフォームにおける，ネットワーク加入者数や補完財の影響については，Rohlfs (1974) や Katz et al. (1985) らがネットワーク効果として理論化し，様々な実証研究がなされてきた．

　例えば，CD プレイヤーについて分析した Gandal et al. (2000) や，電話帳を分析した Rysman (2004) が挙げられる．また，近年では，Gowrisankaran et al. (2014) のように，動学モデルによる構造推定を行う研究もある．

　本書が扱うビデオゲーム産業については，ネットワーク効果が働く代表的な産業であり，多くの先行研究が蓄積されている．例えば，Clements and Ohashi (2005) や Corts and Lederman (2009) が挙げられる．しかしながら，これらの研究は，「ネットワーク効果」を，単に各ハードに対応するゲームソフトの数を代理変数として定式化している誘導形推定である．一方，Lee (2013) や Zhou (2016) では，ソフト市場の需要も同時に推定することで，ソフトラインナップへの評価を推定し，それを用いてゲームハード市場の需要を構造推定している．

　これらの構造推定による文脈を踏襲し，本書はソフト市場の需要推定を同時に行うことで，ソフトから得る効用としてネットワーク効果を定式化する．

　第三に，本書は，Berto Villas-Boas (2007) のような，垂直的産業構造に係る実証分析の文脈に置かれる．特に Murry (2017) とは，広告の垂直外部性に関連する実証研究という点で共通している．しかしながら，本書は，波及的外部性の検証という研究目的の違いから差別化される．

第 2 章　実証

2.1　ビデオゲーム産業

　本書は，ネットワーク効果の下での広告効果の外部性について実証研究により検証を行う．実証にあたり，本書は国内ビデオゲーム産業とゲームソフトへのテレビコマーシャル (TVCM) を対象とする.

　ビデオゲームは，ハード・ソフトともに単体では用を為さず，両方が揃って初めてビデオゲームを遊ぶことができるため，ネットワーク効果が強く働く．加えて，こうした性質から，ネットワーク効果の源泉を，ソフトから得る効用として特定可能であり，ソフトラインナップへの評価として定式化し易い.

　また，先述したように，ビデオゲーム産業においては，プラットフォーマーが上流企業として，下流企業にライセンスを発行し，下流企業であるソフト供給者は，そのライセンスを用いて，ソフトを生産・販売する．このように，垂直的産業構造をもつ.

　更に，ビデオゲーム産業においては，データの入手性が良好であり，ソフト・ハードともに週単位で売上データが入手可能である．これらの理由から分析対象に適している.

　ここで，ビデオゲーム産業における広告の垂直外部性は，あるソフトへの広告が，そのソフトの効用や認知を上昇させ，ソフト需要を増大させることで，プラットフォーマーのライセンス収入を増大させるという形で発揮される.

こうした，ソフトの効用や認知の上昇は，プラットフォーム需要に
も正の影響を与える．更に，プラットフォームの需要増加は，広告が
対象とするタイトルだけでなく，他のタイトルの需要にも正の影響を
もたらすスピルオーバーを発揮する可能性がある．

本書が対象とするのは，2012 年 12 月 2 週から 2017 年 6 月第四週[8]
までの国内ビデオゲーム産業である．この時期においては，任天堂に
よる Wii U と Sony による PlayStation4 (PS4) が第八世代のゲームハー
ドとして競争していた[9]．これらのハードの特徴についてまとめたもの
が，表 1 である．Wii U は安価かつ，先行して販売されたうえに，前
世代のゲームハードである Wii との互換性をもっており，有利な条件
にいたと言える[10].

しかしながら，実際には，Wii U はタイトルの誘致に失敗し，対応タ
イトル数は伸び悩んだ．図 3 は，発売した対応ソフトのタイトル数の
推移を示したものである．Wii U は先んじて一定数のタイトルを確保
したものの，途中でタイトル数の伸びが鈍くなり，最終的に 100 本強
に収まっている．一方で，PS4 は順調に対応タイトル数を伸ばし，最
終的に 300 タイトルを超えている．

表 1 ハード比較

	Wii U Top5	PS4 Top5
前世代互換性	あり	なし
ブルーレイ再生	なし	あり
発売	2012 年 12 月 8 日	2014 年 2 月 22 日
価格	25000 円	39980 → 34980 → 29980 円
最終普及台数	332 万	484 万

[8]Wii U 最後のソフトのシェアが観測される最後の週となる
[9]マイクロソフトの XboxOne については，国内におけるシェアが極めて小さいため，
分析の対象外とする．
[10]一般的に，ネットワーク効果の働く産業においては，先にシェアを伸ばしたプラッ
トフォームが，ロックインと呼ばれる，その地位を固定する現象を起こしやすく，先行
者は有利となる

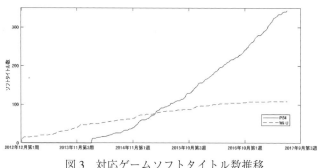

図 3　対応ゲームソフトタイトル数推移

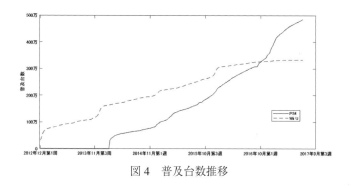

図 4　普及台数推移

　普及台数についても，Wii U は伸び悩み，先んじて一定数を確保したものの，PS4 に追い抜かれる形となっている．ただし，ソフトタイトル数ほど極端な傾向を見せているわけではない．図 4 は，普及台数の推移を示したものである．このグラフからは，対応ソフトタイトル数で大きく差をつけられるも，Wii U の売上は"健闘"していると言える水準であることがわかる．最終的に，Wii U は生産中止となったものの，ソフトタイトル数の極端な少なさを考慮すると，一本あたりの質については高い水準にあった可能性が伺える．

　表 2 が，ハードごとの分析期間最終週における累積売上上位 5 タイトルをまとめたものである．最も売上本数が高いタイトルは Wii U の

表 2　各ハード売上 Top5

Wii U Top5	売上	PS4 Top5	売上
Splatoon	1447007	ファイナルファンタジー XV	958106
マリオカート 8	1125713	メタルギアソリッド V ファントムペイン	421887
スーパーマリオメーカー	919053	ペルソナ 5	372308
Wii パーティ U	779855	NieR:Automata	351768
大乱闘スマッシュブラザーズ for Wii U	619689	龍が如く 6 命の詩。	340701

「Splatoon」であり，Wii U で二番目に売れた「マリオカート 8」についても，PS4 における一位の「ファイナルファンタジー XV」を上回る売り上げである．また，ハードを分けずに集計した場合，上位 10 タイトルのうち，7 タイトルが Wii U タイトルかつ，任天堂のファーストパーティ製であった．任天堂は，強力なファーストパーティを抱え，長年自社でソフトを開発・販売しており，これが反映されていると考えられる．

2.2　データ

本書で扱うのは，2012 年 12 月第 2 週から 2017 年 6 月第四週までの 238 週にわたるゲームハードとゲームソフトに係る週次パネルデータである．取得したデータは，各ソフトタイトルへの TVCM の放送量と，ハード・ソフトの売上並びに属性である．

TVCM データについては，ゼータブリッジ社より提供を受けた．これは，関東キー局から放送された CM に関するもので，秒単位で記録された個票データになっている．この TVCM データについては，各タイトルについての CM 放送量とゴールデンタイムの CM 放送量を取得した．

ハードとソフトの売上については，イギリス VGChartz Limited 社が運営する，ゲームに関するデータベースサイトである，VGChartz から取得した．対象とするソフトについては，シェアが算出可能な 338 タ

イトルに限定した.

　VGChartz は, ソフトの売上について, 各週毎に売上順位が上位のタ
イトルの売上を発表する. 売上順位が低いタイトルについては, それ
とは別に発売週から最大 10 週の売上[11] が掲載される. この仕様によ
り, 長期間に渡って売上上位にいるタイトルについては, 長期間の売
上が取得できるものの, 上位に昇った回数が少ないタイトルについて
は, 売上が取得できる期間が短くなる. そのため, サンプルとして取
得されるタイトルは, 高い売上を記録したものに偏っている. ただし,
国内ビデオゲーム産業においては, ゲームソフトの売上は初週から数
週にかけてに極めて強く集中しているため, 推定結果に大きな影響は
ないと考えられる.

　また, 観察が不連続となるケースがある. シェアを計算するには連
続されて観察される必要があるため, 観察が途切れた時点までをサン
プルとする. この処理は, Lee (2013) と同様である.

　ハードとソフトの属性については, 価格, 発売日, Amazon.com に
おけるレビューの点数を取得した. また, 価格については定価を利用
している. ソフトについての記述統計が表 3 である. PS4 の方がソフ
トの価格帯が高い. 一方で, 平均的な売上や, サンプル出現回数, 合
計 CM 放送量は, Wii U ソフトの方が大きい.

　これらのことからも, Wii U はソフトの数には恵まれなかったもの

表 3　記述統計

	PS4		Wii U	
	平均	標準偏差	平均	標準偏差
価格（単位:千円）	7.34	1.67	6.25	1.40
期間中合計 CM 放送数	23.61	62.20	98.63	112.85
サンプル出現回数	7.22	3.36	11.67	14.06
期間中最終累計売上	56412	89105	163199	287971

[11]海外製のタイトルについては, 海外の発売日を参照するため, 売上を 1 週も取得で
きないケースもある.

の，一本あたりの質は高かったことが伺える．ただし，標準偏差については Wii U は大きく，ファーストパーティ製ソフトとサードパーティ製のソフトの売上や質に大きな隔たりがあった可能性がある．また，両ハードともに，CM 放送数の平均に対し標準偏差が非常に大きく，CM本数には大きな異質性がある．これは，CM を打たれないソフトが多数存在するためだと考えられる．

2.3　需要モデル

　本節では，分析で使用するモデルを構築し，推定方法について述べる．先述したように，本書は，プラットフォームとその補完財について，補完財への広告が補完財自身の需要に影響を与えるにとどまらず，ネットワーク効果を通じプラットフォームの需要に影響を与える形で外部性を発揮している可能性に着目し，これを国内ビデオゲーム産業を対象に検証するものである．

　そのためには，ソフトへの広告がソフトの需要を増大させる形でソフトの需要モデルを定式化する必要がある．さらには，ハードの需要をソフトのラインナップへの評価に依存するような形とした上で，そのソフトへの評価に広告が影響を与えるように定式化しなくてはならない．

　本書は，離散選択モデルを用い，これらの要素を実現した需要モデルを構築する．この際，Lee (2013) を踏襲し，ソフト市場の需要から消費者のソフトラインナップの評価を計算し，それを用いてハード市場の需要を推定する形で，両市場の需要を同時に推定する．

2.3.1 セッティング

消費者は毎期，所持していないハードを購入することができる．このとき，複数のハードが市場に存在しても，購入できるハードは一つまでと仮定する．消費者は，販売されている全てのハードを所持するようになった時点で市場から退出する．具体的には，同じ期に購入できるのは Wii U と PS4 のうち片方であり，両方のハードを揃えたら市場から退出する．

また，各期においていずれかのハードを購入した消費者と，それまでにハードを購入している消費者は，そのハードに対応した，所持していないソフトを購入することができる．

ソフトの購入に関しては，各タイトルについて独立に意思決定を行うと仮定する．具体的には，同時期にソフト A と B が販売されているとき，それぞれについて購入するか否かを決め，片方の選択は，他方の選択に影響を与えない．そのため，各ソフトの市場は独立と仮定されると言える[12]．また，消費者は，一度購入したタイトルに関しては，購入後に市場から退出する．すなわち，同じタイトルを二回以上購入することはない．

2.3.2 ソフト市場の需要

消費者 i が t 期にタイトル k から得る効用 u_{ikt}^{sw} を，

$$u_{ikt}^{sw} = \overbrace{\underbrace{\alpha^{x,sw} x_{kt} + \alpha^{cm,sw} cm_{kt} + \alpha^{p,sw} p_{kt} + \beta^{age_k} F_k + \eta_{kt}}_{\zeta_{kt}} + \sigma v_i}^{\zeta_{ikt}} + \epsilon_{ikt}^{sw}$$

$$(1)$$

---

[12]この仮定は極めて強い．しかしながら，各タイトルを同一の選択肢集合に入れた場合，仮に 10 タイトルが市場に存在するとすると，シェアを計算する際に，最大 2 の 10 乗のソフトタイトルの組合わせについて考慮しなくてはならない．このように，独立の仮定なしでは，計算負荷が極めて高くなり，推定が非現実的になる．実際に，Lee (2013) や Nair (2007) も同様の仮定を置いている

と置く．ここで，x_{kt} は観察される属性，cm_{kt} は CM 放送量，p_{kt} は価格であり，$\alpha^{x,sw}$，$\alpha^{a,sw}$，$\alpha^{p,sw}$ は対応する変数についての選好の強さを示す係数となる．x_{kt} としては，月次ダミーや，Amazon レビューの点数を用いる．$\beta^{age_{kt}} F_k$ は時間経過により減少する固定効果であり，age_{kt} はタイトルの年齢，β は割引率となる．β の識別は困難であるため，予め値 (0.95) を設定する[13]．

σv_i は個人のゲームへの選好の異質性を表す項で，v_i は標準正規分布に従うと仮定する．η_{kt} は消費者には観察されるものの，分析者が観察できない，タイトル k と時期 t に特有の需要ショックである．ϵ_{ikt}^{sw} は，誤差項であり，個人とタイトルと時期に関して独立に，同一のタイプ 1 極値分布に従うと仮定する．

各タイトルについて購入しない場合，添え字 k を 0 とすることで示し，共通したアウトサイドオプションの効用を，平均効用について $\zeta_{i0t} = 0$ と基準化し，$u_{i0t}^{sw} = \epsilon_{i0t}^{sw}$ と置く．

ϵ_{ikt}^{sw} の仮定から，消費者 i の購入確率は，

$$
\begin{aligned}
s_{ikt}^{sw}(\zeta_{kt};\sigma) &= \frac{exp(\zeta_{ikt})}{1 + exp(\zeta_{ikt})} \\
&= \frac{exp(\zeta_{kt} + \sigma v_i)}{1 + exp(\zeta_{kt} + \sigma v_i)}
\end{aligned}
\tag{2}
$$

となる．

市場シェアは，s_{ikt}^{sw} をもとに，シミュレーションにより計算される．

---

[13]固定効果は一般的に分析期間中固定の，各個体についての切片として扱われる．例えば，本書のモデルの場合，F_k と定式化されるのが一般的である．しかしながら，本書が対象とするのはビデオゲーム産業であり，極めて強く差別化されているうえに，使用できる変数が少ない．そのため，固定効果の占めるウェイトが大きくなる．しかしながら，期間中固定となる固定効果では，時間経過にともなう陳腐化が表現できない．ゲーム年齢を変数として導入するという定式化も考えられるが，各タイトルが同様に陳腐化するような形となってしまう．そのため，タイトルの陳腐化に対する異質性を導入すべく，こうした定式化を行った．実際，同じく日本のビデオゲーム産業を対象に分析を行った Ishihara and Ching (2019) でも，ソフトの効用関数に対し似た定式化が行われている．

ただし，モンテカルロ法等で直接積分計算を行う一般的な BLP ベースのシェアの計算とは異なり，ビデオゲーム産業特有の性質に留意する必要がある．

まず，ゲームソフトは耐久財であり，一度購入した消費者は市場から退出する．そのため，i ごとに前期の購入確率 $s_{ik(t-1)}^{sw}$ を用いてウェイトを逐次計算する必要がある．加えて，ゲームソフトの市場は，対応するゲームハードに依存する．そのため，ウェイトを計算する際に，i ごとに異なる数の新規購入者を考慮して更新する必要がある．

より具体的にいえば，ゲームへの選好が高い消費者ほど，早期にソフトを考慮してあるタイトル市場から退出し易い一方で，ハードの新規購入者として他のタイトル市場に参入しやすい．こうした消費者のゲームの選好に応じた，各市場における消費者の分布の変化が反映されるように計算を行わなければならない．

ここで，t 期における i のタイトル k のマーケットサイズを M_{ikt}^{sw} とする．M_{ikt}^{sw} は以下の (3) のように更新される．

$$M_{ikt}^{sw} = M_{ik(t-1)}^{sw}(1 - s_{ik(t-1)}^{sw}(\zeta_{kt}; \sigma, \alpha^{a,\lambda})) + Q_{ij(k)t} \tag{3}$$

ここで $j(k)$ はタイトル k が対応するハードを示す添え字であり，$Q_{ij(k)t}$ はタイプ i のハード $j(k)$ の新規購入者数 (売上) である．以上をもとに市場シェア[14]，

$$S_{kt}^{sw}(\zeta_{kt}; \sigma, \alpha^{a,\lambda}) = \frac{\sum_i M_{ikt}^{sw} s_{ikt}^{sw}}{\sum_i M_{ikt}^{sw}} \tag{4}$$

となる．いわばウェイトが $\frac{M_{ikt}^{sw}}{\sum_i M_{ikt}^{sw}}$ の形をとっていると言える．

CM は効用に影響をもたらす形で定式化されている．消費者が全てのタイトルを知り得ないビデオゲーム産業の性質上，(Goeree, 2008) の

---

[14]これは Consideration Set Model の場合であり，BLP ベースの場合は，$S_{kt}^{sw}(\zeta_{kt}; \sigma)$ と引数が変化する

ように，Consideration Set Model による定式化が好ましい．しかしな
がら，本書においては，計算負荷の増大や，識別条件の難しさといっ
たデメリットを考慮した結果，通常の離散選択モデルを用い，CM が
効用に影響を与える形で定式化を行う．

CM がソフト需要に与える影響は，

$$\frac{\partial S_{kt}^{sw}}{\partial cm_{kt}} = \frac{\partial S_{kt}^{sw}}{\partial \zeta_{kt}} \frac{\partial \zeta_{kt}}{\partial cm_{kt}} \tag{5}$$

となり，CM が需要に与える影響の符号は，$\frac{\partial \zeta_{kt}}{\partial cm_{kt}}$ に依存する．そのた
め，CM が需要に正の影響をもたらすためには，$\alpha^{a,sw}$ が正となる必要
がある．

2.3.3　ソフトラインナップの評価

本研究では，Lee (2013) に連なる，補完財より得る効用を補完財市
場の推定から計算する手法を取る．ϵ_{ijt}^{sw} による仮定から，各ソフトか
ら得られる効用は，ログサム形の形で得ることができる．よって Γ_{ijt}
は，

$$\Gamma_{ijt} = \sum_{k \in K_{jt}} log(exp(\zeta_{ikt}) + 1)) \tag{6}$$

となる．ここで，K_{jt} はハード j に対応するソフトの集合であり，Γ_{ijt}
は，各タイトルについてのログサムバリューを合計したものとなる．
ネットワーク効果はこの Γ_{jt} により表現され，ソフトへの CM は Γ_{jt}
に影響をもたらす形でハードの需要に対し外部性を発揮する．これは
以下の (7) により示される．

$$\frac{\partial S_{jt}^{hw}}{\partial cm_{kt}} = \frac{\partial S_{jt}^{hw}}{\partial \delta_{ijt}} \frac{\partial \delta_{ijt}}{\partial \Gamma_{ijt}} \frac{\partial \Gamma_{ijt}}{\partial \zeta_{ikt}} \frac{\partial \zeta_{ikt}}{\partial cm_{kt}} \tag{7}$$

この際，ソフトへの広告がハードの需要に対し正の外部性を与える

場合，$\frac{\partial \delta_{jt}}{\partial \Gamma_{jt}}\frac{\partial \zeta_{kt}}{\partial a_{kt}}$ が正でなければならない．つまり，$\alpha^{\Gamma,hw}$ と $\alpha^{a,sw}$ の符号がともに正である必要がある．

2.3.4　ハード市場の需要

ハードについては添え字 j で表し 0 がアウトサイドオプション，1 が Wii U，2 が PS4 を示す．タイプ i の消費者が t 期にハード j から得る効用 u_{ijt}^{hw} を，

$$u_{ijt}^{hw} = \overbrace{\underbrace{\alpha^{x,hw} x_{jt} + \alpha^{p,hw} p_{jt}^{hw} + \xi_{jt}}_{\delta_{jt}} + \alpha^{\Gamma,hw} \Gamma_{ijt}}^{\delta_{ijt}} + \epsilon_{ijt}^{hw} \tag{8}$$

と置く．ここで，x_{jt} はハードの観察される属性，p_{jt}^{hw} は価格，Γ_{jt} は対応するソフトのラインナップへの評価であり，$\alpha^{x,hw}$，$\alpha^{p,hw}$，$\alpha^{\Gamma,hw}$ は対応する係数となる．x_{jt} については，月次ダミーと PS4 ダミー，ならびにハードへの CM 放送量を用いる[15]．

ξ_{jt} は消費者には観察されるものの，分析者が観察できない，ハードと時期に特有のショックである．δ_{kt} は平均効用，ϵ_{ijt}^{hw} は，誤差項であり，個人とハードと時期に関して独立に，同一のタイプ 1 極値分布に従うと仮定する．ソフト市場と同様に，アウトサイドオプションは $\delta_{0t} = 0$ に基準化し，$u_{i0t}^{hw} = \epsilon_{i0t}^{hw}$ と置く．

市場シェアについては，ソフト市場と異なり，最大 2 つのハードから一つを選択する形となる上に，消費者ごとにハードの所有状況により選択肢集合が異なる．そのため，各シェアはロジット形で直接計算できず，適宜各ハードの所有状況に応じたマーケットサイズを計算する必要がある．まず，タイプ i の消費者の t 期にハード j を所有状況 o

---

[15]本書ではハードの CM については，外部性を分析する対象外であり，単なるコントロール変数として用い，x_{jt} として扱う

の下で購入する確率 s_{ijto}^{hw} は,

$$s_{ijto}^{hw}(\delta_{jt};\alpha^{\Gamma,hw}) = \frac{exp(\delta_{ijt})}{1+\sum_{j\in J_{to}}exp(\delta_{ijt})}$$

$$= \frac{exp(\delta_{jt}+\alpha^{\Gamma,hw}\Gamma_{ijt})}{1+\sum_{j\in J_{to}}exp(\delta_{jt}+\alpha^{\Gamma,hw}\Gamma_{ijt})} \tag{9}$$

ここで, J_{to} は o に属する消費者が購入可能なハードの集合である. o については, 0 の時に何も所有しておらず, 1 の時に Wii U のみを所有しており, 2 の時には PS4 のみを所有していることを示す. t 期における i ごとの所有状況 o の消費者の数, つまり各マーケットサイズとなる M_{ito} は,

$$M_{it0} = M_{i(t-1)0}(1-s_{i1(t-1)0}^{hw}-s_{i2(t-1)0}^{hw}) \tag{10}$$

$$M_{it1} = M_{i(t-1)1}+M_{i(t-1)0}\,s_{i1(t-1)0}^{hw} \tag{11}$$

$$M_{it2} = M_{i(t-1)2}+M_{i(t-1)0}\,s_{i2(t-1)0}^{hw} \tag{12}$$

市場シェアは, その時点での未所持の消費者数の合計で売上を除したものであり, 市場シェア S_{jt}^{hw} は,

$$S_{jt}^{hw}(\delta_{jt};\alpha^{\Gamma,hw}) = \frac{\sum_i \overbrace{(M_{it0}s_{ijt0}^{hw}(\delta_{jt};\alpha^{\Gamma,hw})+M_{itl}s_{ijtl}^{hw}(\delta_{jt};\alpha^{\Gamma,hw}))}^{Q_{ijt}}}{\sum_i(M_{it0}+M_{itl})} \tag{13}$$

ここで, $l\neq j$ かつ $l=1,2$ である. つまり, ハード j に対し残った他方のハードを示す.

2.4　供給モデル

　外部性の大きさを求めるために，各種の費用に対するマークアップ
に係る，供給サイドにおける，プラットフォーマーとソフト供給者の
行動を記述する．

　モデル化する際に，データ上の制約や分析の複雑化を避けるため，本
書では二者の垂直的関係や価格の決定にいくつかの仮定を置く．

　第一に，TVCM を行う主体はソフト供給者と仮定する．この仮定
については，TVCM の広告主がプラットフォーマーである可能性を排
除するものである．実際には一部の CM については広告主がプラット
フォーマーである可能性があるが，本研究において扱うデータについ
ては，CM のコストを確証をもって負担する主体の区別を付けること
は困難であり，広告の主体はソフト供給者と仮定する．また，CM の
主体を分けた上で分析する場合，計算負荷が大きく増大するため，こ
れを回避することも目的とする[16]．

　第二に，ソフト供給者の参入に係る意思決定を考慮せず，ライセン
ス料に関しては静学的な利潤最大化のみを目的として設定すると仮定
する．これは，ライセンス料を低い水準に置くことで，マルチプラッ
トフォームも含め，新たなソフト供給者として参入する可能性を無視
するものである[17]．

　第三に，プラットフォーマーとソフト供給者はともに，自らの外部
性を無視した意思決定を行う．これは，例えば，ソフト供給者が供給
するタイトルの価格を決定する際，自らのタイトルにより新規にハー

---

　[16]ただし，この仮定は，プラットフォーマーが広告の主体となっている可能性がある
CM の割合が小さいことから，分析結果に大きな影響をもたらさないと考えられる．

　[17]この仮定の下では，ライセンス料のマークアップを過大に推定してしまう恐れがあ
る．しかしながら，潜在的なソフト供給者のデータを得ることはほぼ不可能であり，既
存ソフトメーカーの意思決定をモデルに組み込むことも，分析が大きく複雑化するため，
非現実的である．分析の実行可能性上やむを得ない仮定と言える．

ドを購入する消費者の存在を考えないことを仮定する[18].

以上をもとに，二者の行動を定式化する．ビデオゲーム産業におい
て，タイトル k のソフト供給者はソフトを開発し，価格 p_{kt}^{sw} で市場に
供給する．この際，ソフト一単位につき限界費用 c_{kt}^{sw} が発生し，加え
てプラットフォーマーに，ライセンス料 p_{kt}^{l} を支払う．また，CM に対
する費用を $\Phi(cm_{kt})$，固定費用を FC_{kt} として，利潤 Π_{kt}^{sw} は，

$$\Pi_{kt}^{sw} = D_{kt}^{sw}(p_{kt}^{sw} - p_{kt}^{l} - c_{kt}^{sw}) - FC_{kt}^{sw} - \Phi(cm_{kt}) \tag{14}$$

と書ける．価格の一階条件から，マークアップとして，以下の (15) が
得られる．

$$p_{kt}^{sw} - p_{kt}^{l} - c_{kt}^{sw} = -\frac{D_{kt}^{sw}}{\frac{\partial D_{kt}^{sw}}{\partial p_{kt}^{sw}}} \tag{15}$$

ハード j を供給するプラットフォーマーは，p_{jt}^{hw} でハードを供給す
る．この際，ハード一単位の供給につき，限界費用 c_{jt}^{hw} が生じる．ま
た，プラットフォーマーは，ライセンスをソフト供給者に発行する．ラ
イセンスは一単位あたり p_{kt}^{l} で供給され，ライセンスの発行には，一
単位あたり c_{kt}^{l} の費用が生じる．固定費等を FC_{jt}^{hw} として，利潤 Π_{jt}^{hw}
は，

$$\Pi_{jt}^{hw} = D_{jt}^{hw}(p_{jt}^{hw} - c_{jt}^{hw}) + \sum_{k \in K_{jt}} D_{kt}^{sw}(p_{kt}^{l} - c_{kt}^{l}) \tag{16}$$

となる．ここで，K_{jt} は t 期のハード j に対応するタイトルの集合で

---

[18]本書における需要モデルにおいては，t 期のソフト供給者 k の決定する p_{kt}^{sw} は，D_{jt}^{hw}
に影響を与えることを通じ，D_{kt}^{sw} を変化させる．そのため，供給サイドにおける利潤最
大化が限定的となり，非合理的な経済主体を仮定することになる．しかしながら，この
外部性を考慮した供給モデルに基づくマークアップの計算結果は非現実的なものとなっ
た．また，外部性まで考慮した意思決定を，各々の主体が行っているとは考えにくい.
そのため仮定の妥当性はある程度担保されると考えられる．

ある. 価格の一階条件から, マークアップは, 以下の (17) となる.

$$p_{jt}^{hw} - c_{jt}^{hw} = -\frac{D_{kt}^{sw}}{\frac{\partial D_{jt}^{hw}}{\partial p_{jt}^{hw}}} \tag{17}$$

ライセンス料に係るマークアップについては,

$$p_{kt}^{l} - c_{kt}^{l} = -\frac{D_{kt}^{sw}}{\frac{\partial D_{kt}^{sw}}{\partial p_{kt}^{l}}} \tag{18}$$

となる.

2.5　推定

ξ_{jt} と η_{jt} が得られれば, モーメント条件

$$E(Z^{hw\prime}\xi) = E(Z^{sw\prime}\eta) = 0 \tag{19}$$

を用いることで, GMM により需要モデルのパラメータを推定することが可能である. 供給サイドのマークアップについては, 得られたパラメータを用い, 計算することが可能である. ここで, Z^{hw}, Z^{sw} はそれぞれの市場における操作変数の行列, ξ, η は ξ_{jt}, η_{kt} の行列である.

　これは, (8) と (1) から求めることが出来る. しかしながら, 観察可能なのは市場シェアであり, 平均効用は直接観察することができない. そのため, 市場シェアから平均効用を回復する必要がある. そこで, 本書は, 一般的な需要推定と同様に, Berry et al. (1995) に連なる, BLP タイプの推定手法を用いる.

　これは, 与えられた非線形パラメータの下で, 縮小写像 により平均効用を回復し, 操作変数法により回帰することで, 線形パラメータを推定するものだ. こうして得た線形パラメータに基づく誤差と操作変

数を用い，GMM 目的関数を計算し，この GMM 目的関数を最小化する非線形パラメータと，それに基づく線形パラメータを求める．こうした手法は，GMM 非線形パラメータを探索する中に，平均効用の不動点の探索が入る入れ子構造になっており，Nested Fixed Point Algorithm (NFPA) と呼ばれるアルゴリズムの一つである．

まず，パラメータについて整理する．線形パラメータについて $\theta_1^{sw} \equiv \{\alpha^{x,sw}, \alpha^{p,sw}, \alpha^{cm,sw}\}$, $\theta_1^{hw} \equiv \{\alpha^{x,hw}, \alpha^{p,hw}\}$, 非線形パラメータについて $\theta_2^{sw} \equiv \sigma$, $\theta_2^{hw} \equiv \alpha^{\Gamma,hw}$ とする．

θ_2^{sw} と θ_2^{hw} が与えられたとき，ζ_{kt} については，添え字 r を反復回数として，適当な初期値を δ_{kt}^0 に置いた上で，ソフト市場のシェア $S_{kt}^{sw}(\delta_{kt}^r; \theta_2^{sw})$ を計算し，以下の縮小写像

$$\zeta_{kt}^{r+1} = \zeta_{kt}^r + log(S_{kt}^{sw,obs}) - log(S_{kt}^{sw}(\delta_{kt}^r; \theta_2^{sw})) \tag{20}$$

により，ζ_{kt}^{r+1} と ζ_{kt}^r が十分に近くなるまで ζ_{kt}^r の更新を続ける．こうして得られた $\zeta_{kt}(\theta_2^{sw})$ をもとに，操作変数法により線形パラメータならびに $\eta_{kt}(\theta_2^{sw})$, $\Gamma_{ijt}(\theta_2^{sw})$ を求める．

次に δ_{jt} に関しては，同様に以下の反復写像 (21) を用いて，

$$\delta^{r+1} = \delta^r + log(S^{hw,obs}) - log(S^{hw}(\delta^r; \theta_2^{hw})) \tag{21}$$

得られた $\delta_{jt}(\theta_2^{hw})$ に対し操作変数法により線形パラメータならびに $\xi_{jt}(\theta_2^{hw})$ を求めることができる．

ξ_{jt} と η_{kt} が得られたら，(19) のモーメント条件を用い，GMM 目的関数が計算可能となる．これは，

$$J(\theta_2^{sw}, \theta_2^{hw}) = \eta(\theta_2^{sw})' Z^{sw} W^{sw} Z^{'sw} \eta(\theta_2^{sw}) + \xi(\theta_2^{hw})' Z^{hw} W^{hw} Z^{'hw} \xi(\theta_2^{hw}) \tag{22}$$

となり，$J(\theta_2^{sw}, \theta_2^{hw})$ を最小化する $\theta_2^{sw}, \theta_2^{hw}$ を探索すればよい．

　ただし，実際に推定するにあたっては，ソフト市場とハード市場の i についての分布が一致しなくなってしまう可能性がある．これは，ソフト市場の i の分布が (3) にあるようにハードの売上である $Q_{ij(k)t}$ に依存する一方で，$Q_{ij(k)t}$ が (13) と (9) にあるように，Γ_{ijt} に依存しており，これはソフト市場の分布により決定されることによる．

　具体的には，こうした再帰的な形をとっているため，$Q_{ij(k)t}$ について予め値を仮定しなくてはならないにもかかわらず，$Q_{ij(k)t}$ を適切に決定しなければ，ソフト市場のシェアを計算する際に用いた $Q_{ij(k)t}$ と，ソフト市場から得られた Γ_{ijt} から計算される Q_{ijt} が異なり，ソフト市場とハード市場で一貫するはずの i に関する分布が矛盾するという問題が発生する[19].

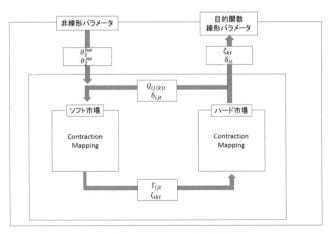

図 5　アルゴリズム概要

　そこで，本書は，Lee (2013) によるアルゴリズムを参考に，図 5 のような処理を行い分布の一貫性を担保する．具体的には，反復回数を

---

[19]例えば i ごとに $Q_{ij(k)t}$ が等しい，つまり i ごとのハードの新規購入者の数が等しいなどの仮定を置いたとして，ソフト市場から推定された Γ_{ijt} をもとに売上 Q_{ijt} を計算した場合，Q_{ijt} と $Q_{ij(k)t}$ が等しくなることは考えにくい

n として，非線形パラメータが与えられた[20] 下で，

1. (20) の縮小写像により $\zeta_{kt}^n(\theta_2^{sw})$ を求める[21].
2. (6) により Γ_{ijt}^n を求める.
3. (21) により $\delta_{jt}^n(\theta_2^{hw})$ を求め，Q_{ijt}^n を求める.
4. (20) の縮小写像により $\zeta_{kt}^{n+1}(\theta_2^{sw})$ を求める.
5. (6) により Γ_{ijt}^{n+1} を求める.

という形で Γ_{ijt}^n を更新する．Γ_{ijt}^{n+1} と Γ_{ijt}^n が十分に近づくまで更新を繰り返し，両市場の分布に一貫性を保つ $\delta_{jt}(\theta_2^{hw})$, $\zeta_{kt}(\theta_2^{sw})$ を得て，GMM 目的関数を計算する．推定アルゴリズム全体は，非線形パラメータを探索する外側ループの中に，Γ_{ijt} の不動点の探索を行うループがあり，さらにその内側で縮小写像を行う形となっており，二重の入れ子構造になっている．

2.6 識別

本書におけるモデルにおいて，内生変数となるのは，ハード・ソフト市場における価格と CM 放送量に加え，Γ_{ijt} である．これらの内生変数に対し，操作変数を用い，一般化モーメント法 (GMM) による推定・識別を行う．

まずソフト価格については，一般的に，離散選択モデルにおいては，Berry et al. (1995) のように，競合する財の属性を操作変数として用いることができる．しかしながら，本書では各タイトルは独立と仮定す

---

[20]非線形パラメータが係る計算については，ループの外で可能なものもあるため，逐次計算するのではなく，予め計算しておく．

[21]この際，初期値として $Q_{ij(k)t}$ が必要となるため，i ごとに等しい $Q_{ij(k)t}$ など，適当な初期値を用いる

るため，これらの操作変数を使用することはできない．そのため，ソフトの生産・流通のコストに係る変数を操作変数[22] として用いる．

　こうした操作変数の候補としてはまずハードダミーが考えられる．これは，ソフトのメディア価格がハードによって異なる可能性が高く，価格と強く相関すると思われるためである．こうしたハードダミーと誤差項が相関してしまう場合，考えられるシナリオは，PS4 のゲームの平均効用が，Wii U と比べ全体的に低いというものである．しかしながら，固定効果によるコントロールが行われているため，こうした形でハードダミーと誤差項が相関するとは考えにくい．

　また，同一ハード内での価格の平均についても操作変数になり得る．これは，価格の平均にはソフト間に共通するコストショックが反映されている可能性が高いためであり，平均をとることで個別タイトルのコストショックとは相関しにくいと考えられるためである．ハード年齢と，その二乗も，コストシフターとして利用可能だと考えられる．

　CM 本数についても同様の理由により，BLP タイプの操作変数は使用することができないため，CM のコストに係る変数を用いる．こうした変数の候補としては，ゴールデンタイムの本数が挙げられる．ゴールデンタイムは視聴率が高いため，CM 放送にかかるコストが高くなることが予想される．また，月次ダミーによるコントロールが行われているため，季節性の需要ショックとゴールデンタイムの CM 数が相関する可能性も低く，操作変数として利用可能な可能性が高い．

　更に，Murry (2017) を参考に，各タイトルの残余市場規模を用いる．これは，市場規模が大きいほど，TVCM が有効になり，本数が増える可能性が高いためである．また，t 期の残余市場規模は，$t-1$ 期までのシェアと，他のソフトの影響も含めた，ハード市場の売上で決定されるため，t 期のショックとは相関しにくいと考えられる．

---

[22] ここでの操作変数は，モデル内の外生変数以外の操作変数を指す．

　同様にしてソフトの累計売上についても，$t-1$ 期までのシェアで決定され，t 期のショックとは相関しにくい一方，残余市場規模とは逆方向に CM 本数と相関することが考えられる．

　また，ハードへの CM 本数についても，ソフトの需要ショックとは相関するとは考えづらいものの，ソフトの発売に合わせてハードへの CM を行うことが考えられるため，操作変数として用いることができる．

　ハード価格については，ハード市場は競合相手が存在するため，BLP タイプの操作変数を用いることができる．そのため，別ハードの Γ_{lt} を用いる．ここで $l \neq j$ である．

　Γ_{jt} は，ソフトの効用により決定される．これは t 期より前に開発・販売が決定されるため，t 期のショックとは相関しにくい．しかしながら，開発・販売が決定された時点から t 期にいたるまでの誤差項のトレンドが残っている場合は，Γ_{jt} は誤差項と相関する．そこで，過去からのトレンドを除去すべく，Γ_{jt} の 5 週と 10 週と 15 週ラグ値を用いる．

　また，VGchartz で売上が観測できるソフトタイトル数も，Γ_{jt} に相関する一方で，ハード市場のショックとは相関しにくい．これは，PS4 と Wii U 以外のソフトも含めたソフト市場全体の売上の順位から決定されることに加え，市場全体に対する各ハードのシェアの小ささから，ハード売上がソフト売上に貢献できる部分が小さく，ハードの需要ショックとは相関しにくいと考えられるためである．更に月次ダミーがコントロールされているため，季節性のショックについても相関が考えにくい．

　更に，対応ソフトへの CM の合計値を用いる．これは，Γ_{jt} に相関する一方で，ソフト市場の需要ショックや，$t-1$ 期までのソフト市場のシェアにより決定されるため，ハード市場における需要ショックとは相関しにくいと予想される．

2.7　推定結果

　推定結果が表 4 となる．冗長化を避けるため，月次ダミーならびに
タイトルごとの固定効果は省略している．

　価格の係数は両市場において有意に負であり，ソフトについては，千
円価格が上昇するにつき約 3 ポイントの効用が減少し，ハードついて
は，約 0.09 ポイント減少する．価格が上昇すると，効用が低下する結
果となり，現実と整合的な結果と言える．

表 4　推定結果

	記号	変数名	係数	t 値
ソフト	$\alpha^{p,sw}$	価格（千円）	−3.070	−14.991
	$\alpha^{x,sw}$	切片	10.089	6.481
	σ	切片 SD	−1.776	−3.909
	$\alpha^{x,sw}$	レビュー	−0.041	−0.361
	$\alpha^{cm,sw}$	CM	0.018	6.712
ハード	$\alpha^{p,hw}$	価格（千円）	−0.093	−3.766
	$\alpha^{x,hw}$	切片	−6.213	−10.845
	$\alpha^{x,hw}$	PS4	2.133	7.765
	$\alpha^{x,hw}$	CM	0.003	1.414
	$\alpha^{\Gamma,hw}$	ソフトラインナップ評価 (Γ_{ijt})	2.302	4.262

　離散選択モデルの性質から，各属性について，支払い意思額 (WTP)
が計算可能であり，異質性のパラメータ σ については，約 1.8 かつ有
意となっている．消費者のゲームへの選好が，WTP に換算して平均が
約 3000 円，標準偏差が約 600 円の正規分布に従い分布することが分
かる．

　また，ハード市場において PS4 ダミーも有意に正となっており，こ
れは，BD 再生器としての機能のほか，各種のアプリケーションやサー
ビスが充実しているため，整合的と言える．これは，約 2 万 3 千円分
の WTP に相当する．

このモデルにおいて鍵となるパラメータは，CM の係数 $\alpha^{a,sw}$ ならびに，Γ_{ijt} の係数 $\alpha^{\Gamma,hw}$ であったが．両者とも有意に正となっている．$\alpha^{a,sw}$ は約 0.02 となり，CM 一単位につき，WTP が約 7 円上昇する結果となった．このことから，ソフトへの CM は，財の効用を高めることで，そのタイトルの需要を増大させている．これは，プラットフォーマーのライセンス収入についても増大させるため，広告が垂直外部性をもたらしていることが言える．

Γ_{ijt} については，一単位につき，WTP 換算で約 2 万 5 千円分に相当する．ハードの需要がソフトラインナップ Γ_{ijt} から大きく正の影響を受けることが示された．この Γ_{ijt} が CM により受ける影響の符号は，$\alpha^{a,sw}$ に依存し，これが有意に正であるため，CM は，Γ_{ijt} に正の影響をもたらし，結果としてハードの需要にも影響を与えている．そのため，CM が正の波及的外部性を発揮していることが言える．

加えて，消費者はソフトの効用を元に，ハードの購入を決定している．広告はこうしたソフトの効用を増大させることから，垂直外部性とは別に，ハードの需要ならびにプラットフォーマーの利潤に対し，正の影響を与え，波及的外部性を発揮していることが言える．

2.8　シミュレーション

前節では需要モデルの推定結果を示した．しかしながら，推定されたパラメータを提示しただけでは，具体的に外部性がどのように働いているか把握しにくい．また，モデルや産業の性質上外部性がどれほどの影響をもたらしているかも定量的に把握できない．

CM の影響を定量的に示す方法としては，平均限界効果を提示することが挙げられる．しかしながら，産業の性質上，ソフト市場とハード市場は相互に影響を与える．加えて，t 期の CM は $t+1$ 期の需要に

も影響を与えうる．そのため，平均限界効果がCMの影響力を説明できる部分は限定的であり，あまり意味をなさない．

そこで本節では構造パラメータを用い，簡易な反実仮想シミュレーションを行うことで，二種類の外部性が実際どれほどの影響力をもたらしているかを調査する．

2.8.1　CM 一単位の影響力

まず，CM 放送実績があるタイトルについて，CM 放送量が 1 本増加した場合，最終的なアウトカムがどの程度変化するかを調査する．具体的には，放送実績があるタイトルの発売週の CM 放送量を 1 本増加させた状況をシミュレーションし，分析期間最終週のハードとソフトの累計売上の変化を見る．これは，解析的に得られる一般的な平均限界効果とは異なるが，ある種の限界的な影響力を推定すると言える．

表 5 が，シミュレーションの結果である．カラム (1) は，ソフトの累計売上の分析最終週における差分を示している．カラム (2) は，対応するハードの最終週における普及台数の差分を示すものであり，カラム (3) が，CM 対象外のタイトルの累計売上の変化の合計であり，スピルオーバーを示す．

CM 一本あたり，ソフト自体の累計売上本数が，平均して 940 増加する結果となっている．ハード自体の変化は，ソフト自体の変化と比べ小さく，平均して普及台数が 100 台の増加を示している．このハードの普及台数の増加は，CM が対象とするタイトル以外の売上に影響を与え，平均して累計売上本数を合計 504 本増加させる．

ハード売上の変化はソフト売上の変化の約 10% 程度であるものの，スピルオーバーも含めれば，考慮すべき大きさの外部性が存在すると言える．

また，ハードごとに変化の大きさを比較すると，PS4 の方が，相対的にハード売上への影響が小さい．これは，このシミュレーションが，

ある種の限界効果を見ていることに起因し，PS4 ソフトが，Wii U ソフトと比べ CM 放送量が少なく，PS4 の方が δ_{jt} が大きいことが原因と考えられる．

表 5　CM 一単位あたりの売上の変化

	(1) ソフト変化	(2) ハード変化	(3) スピルオーバー
全タイトル平均	940	100	504
PS4 平均	1082	29	93
Wii U 平均	699	219	1199

　次に，同様のセッティングの下で，金額ベースの外部性を示したものが，以下の表 6 である．これは，各期の売上の変化とマークアップを乗じたものを，分析期間最終週まで合計したものである[23]．ここで，垂直外部性にあたるのがカラム (4) であり，波及的外部性にあたるのが (5), (6) である[24]．

表 6　CM 一単位あたりの外部性 (単位：千円)

	(4) ソフト変化	(5) ハード変化	(6) スピルオーバー
全タイトル平均	461	1272	250
PS4 平均	419	324	33
Wii U 平均	532	2877	618

　全タイトルで平均すると，CM 一単位あたり，約 45 万円分の垂直外部性が発揮されている．波及外部性については，約 150 万円分と，垂直外部性より大きい結果となった．数量ベースと比較して，両者の大

---

[23]例えば，カラム (4) については，$\sum_t (\hat{Q}_{kt}^{sw} - Q_{kt}^{sw})(p_{kt}^l - c_{kt}^l)$ の各タイトルごとの平均を示している．ここで，$\hat{Q}_{kt}^{sw}$ がシミュレーションされた売上，Q_{kt}^{sw} が実際の売上である．

[24]ソフトの累計売上本数の変化は，ハードの需要の増加の影響を受けているため，このような区分は波及的外部性を過小評価する．ただし，一部を除き，ソフトのシェアは小さいため，大きな影響はない．

小関係が逆転しているが，これは，ハードのマークアップが，ソフト
と比べ大きいことに起因する[25].

2.8.2　CM の影響力の概観

　次に，CM の全体的な影響力を調査する．前節でのシミュレーション
は，ある種の限界効果を示すものであり，全体的な CM の影響力を提
示するには適さない．そこで，各タイトルごとに，仮に CM がなかっ
た場合のアウトカムを示すことで，CM がもたらした影響力を概観す
る．具体的には，CM 放送実績のある各タイトルごとに，CM 放送量
が分析期間中 0 だった場合の売上をシミュレーションし，分析期間最
終週の累計売上を比較する．また，全てのタイトルについて CM がな
かった場合のシミュレーションも行う．

　表 7 が，各タイトルごとに，CM 放送量が分析期間中 0 だった場合
の売上の変化を数量ベースで示したものである．平均してソフト累計
売上が約 4 万，ハード普及台数が約 2800 台の影響を受けていることが
分かる．また，平均，約 13000 本分のスピルオーバーを発揮している．

表 7　CM 影響力概観（数量）

	(7) ソフト変化	(8) ハード変化	(9) スピルオーバー
全タイトル平均	40681	2865	12994
PS4 平均	45076	1074	3205
Wii U 平均	33243	5897	29560

　表 8 は，金額ベースの外部性を概観したものである．限界効果と同
様に，波及的外部性が，垂直外部性よりも大きく，数量ベースと大小
関係が逆転する形となっている．

---

[25]ただし，先述したように，供給モデルには強い仮定が課せられていることを留意す
ると，金額ベースの外部性はあくまで参考レベルに留まる．しかしながら，金額ベース
でも，売上ベースでも，考慮すべき大きな外部性が存在することに変わりはない．

表 8　CM 影響力概観（外部性）

	(10) ソフト変化	(11) ハード変化	(12) スピルオーバー
全タイトル平均	18591	35853	5822
PS4 平均	18726	11752	1123
Wii U 平均	18362	76639	13774

　次に，全てのタイトルについて CM が存在しなかった場合のシミュ
レーション結果が以下の表 9 である．これは，累計普及台数とハード
の売上による収益，ライセンス収入について，実際の値との差分をとっ
たものである．
　数量ベースの場合，PS4 については普及台数の変化が少ないものの，
Wii U については 6.3％変化する．ライセンス収入については，両ハー
ドが 20％以上の変化を示す．ライセンス収入の変化と比較し，数量ベー
スの変化は小さくなっている．ただし，金額ベースの差分については，
ライセンス収入の変化が両ハードともに約 10 億円相当であるのに対
し，ハード収益の変化は Wii U に関して約 27 億円，PS4 に関して約 7
億円相当となり，金額ベースの差分は大きい．よって，波及的外部性
が考慮すべき大きさであると判断できる．

表 9　CM による収益

	(13) 実数値	(14) CM0 のケース	(15) 差分	(16) 変化率
PS4 普及台数	4848286	4777484	70802	1.5％
Wii U 普及台数	3323021	3114580	208441	6.3％
PS4 ハード収益	53285730	52510769	774961	1.5％
Wii U ハード収益	37355762	34649380	2706382	7.2％
PS4 ライセンス収入	5657095	4361954	1295140	22.9％
Wii U ライセンス収入	3751942	2655272	1096670	29.2％

第 3 章　おわりに

　本書は，ネットワーク効果が働くプラットフォーム産業においては，プラットフォームの補完財への広告が，プラットフォーマーのロイヤリティ収入を増大させる垂直外部性だけでなく，プラットフォームの需要に正の影響をもたらす形で発揮される波及的外部性をもつ可能性に着目し，国内ビデオゲーム産業とゲームソフトの TVCM を対象として，実証分析を行った．

　この際，消費者のゲームハードの購入がゲームソフトのラインナップへの評価に依存し，広告はソフトの効用もしくは認知に正の影響を与える形で，これらのラインナップへの評価を増大させる構造モデルを構築し，広告効果の推定を行った．結果，各ゲームソフトについての TVCM が，そのタイトルの需要に正の影響を与えるだけでなく，対応するゲームハードの売上にも波及して正の影響を与えていることが示され，垂直外部性とは異なる波及的外部性を発揮している結果が示された．

　こうした垂直外部性とは別に波及的外部性が存在することが示唆された以上，これを無視することは，全体的な外部性を過小評価することにつながる．特に，ネットワーク効果の下での垂直的制限を考える上で二部料金は最早有効ではない可能性が示された．そのため，この発見は，今後 GAFA のような巨大なプラットフォームを運営する国際企業が存在感を強めるなか，プラットフォーム産業のガバナンスを考慮する際に，大きな役割を果たす可能性がある．

　しかしながら，本研究にはいくつかの問題点が残る．特に実証面に

おいて，静学モデルによる分析に留まっている点が言える．ゲームハードは耐久財である上，消費者は将来のゲームソフトのラインナップの充実を考慮して意思決定を行うため，動学モデルの方が現実に整合的であり，特定化のミスにより推定値にバイアスが生じている可能性がある．また，供給サイドに強い仮定を課している．

更に，本書はファクトファインディングに留まっている．波及的外部性の存在とその大きさを示してはいるが，垂直的制限の下で，新たな均衡を求め，アウトカムの評価を行うには至っていない．

モデルの精緻化とデータの充実を行った上で，様々な垂直的制限の厚生分析を行い，社会厚生を改善させるより好ましい契約のあり方を実際に求めて提示するなど，実践的かつ政策的に重要なインプリケーションを得ることを課題としたい．

参考文献

Kyle Bagwell. The economic analysis of advertising. *Handbook of industrial organization*, 3:1701–1844, 2007.

Gene M Grossman and Carl Shapiro. Informative advertising with differentiated products. *The Review of Economic Studies*, 51(1):63–81, 1984.

Gary S Becker and Kevin M Murphy. A simple theory of advertising as a good or bad. *The Quarterly Journal of Economics*, 108(4):941–964, 1993.

Michelle Sovinsky Goeree. Limited information and advertising in the us personal computer industry. *Econometrica*, 76(5):1017–1074, 2008.

Charles Murry. Advertising in vertical relationships: An equilibrium model of the automobile industry. *Available at SSRN 2549247*, 2017.

Kohei Kawaguchi, Kosuke Uetake, and Yasutora Watanabe. Designing context-based marketing: Product recommendations under time pressure. *Available at SSRN 2529294*, 2018.

Jean Tirole. *The theory of industrial organization*. MIT press, 1988.

Daniel A Ackerberg. Advertising, learning, and consumer choice in experience good markets: an empirical examination. *International Economic Review*, 44(3):1007–1040, 2003.

Matthew Shum. Does advertising overcome brand loyalty? evidence from the breakfast-cereals market. *Journal of Economics & Management Strategy*, 13(2):241–272, 2004.

Jeffrey Rohlfs. A theory of interdependent demand for a communications service. *The Bell Journal of Economics and Management Science*, pages 16–37, 1974.

Michael L Katz, Carl Shapiro, et al. Network externalities, competition, and compatibility. *American economic review*, 75(3):424–440, 1985.

Neil Gandal, Michael Kende, and Rafael Rob. The dynamics of technological adoption in hardware/software systems: The case of compact disc players. *The RAND Journal of Economics*, pages 43–61, 2000.

Marc Rysman. Competition between networks: A study of the market for yellow pages. *The Review of Economic Studies*, 71(2):483–512, 2004.

Gautam Gowrisankaran, Minsoo Park, and Marc Rysman. Measuring network effects in a dynamic environment. 2014.

Matthew T Clements and Hiroshi Ohashi. Indirect network effects and the product cycle: video games in the us, 1994–2002. *The Journal of Industrial Economics*, 53(4):515–542, 2005.

Kenneth S Corts and Mara Lederman. Software exclusivity and the scope of indirect network effects in the us home video game market. *international Journal of industrial Organization*, 27(2):121–136, 2009.

Robin S Lee. Vertical integration and exclusivity in platform and two-sided markets. *American Economic Review*, 103(7):2960–3000, 2013.

Yiyi Zhou. Bayesian estimation of a dynamic model of two-sided markets: application to the us video game industry. *Management Science*, 63 (11):3874–3894, 2016.

Sofia Berto Villas-Boas. Vertical relationships between manufacturers and retailers: Inference with limited data. *The Review of Economic Studies*, 74(2):625–652, 2007.

Harikesh Nair. Intertemporal price discrimination with forward-looking consumers: Application to the us market for console video-games. *Quantitative Marketing and Economics*, 5(3):239–292, 2007.

Masakazu Ishihara and Andrew T Ching. Dynamic demand for new and used durable goods without physical depreciation: The case of japanese video games. *Marketing Science*, 2019.

Steven Berry, James Levinsohn, and Ariel Pakes. Automobile prices in market equilibrium. *Econometrica: Journal of the Econometric Society*, pages 841–890, 1995.

著者紹介

坂口洋英

2016 年	慶応義塾大学経済学部卒業
2018 年	慶応義塾大学大学院経済学研究科修士課程修了
現在	慶応義塾大学大学院経済学研究科博士課程 2 年生
	元・三菱経済研究所研究員

広告の新たな外部性
―ネットワーク効果の下での広告効果の波及―

2020 年 1 月 30 日　発行

定価　本体 1,000 円＋税

著　者	坂口洋英
発行所	公益財団法人　三菱経済研究所 東京都文京区湯島 4-10-14 〒113-0034 電話 (03)5802-8670
印刷所	株式会社 国際文献社 東京都新宿区山吹町 332-6 〒162-0801 電話 (03)6824-9362

ISBN 978-4-943852-74-2